Inhalt

Eine Million unbesetzte Stellen - gute Perspektiven für Headhunter

Kernthesen

Beitrag

Fallbeispiele

Weiterführende Literatur

Impressum

GENIOS WirtschaftsWissen Nr. 05/2011 vom 13.05.2011

Eine Million unbesetzte Stellen - gute Perspektiven für Headhunter

Robert Reuter

Kernthesen

- Die gute Konjunktur, der Fachkräftemangel und der demografische Wandel sorgen dafür, dass Headhunter derzeit gut zu tun haben.
- Dies war nicht immer so: 2009 mussten die Berater herbe Einbußen hinnehmen, weil die Wirtschaft kein neues Personal einstellte.
- Die Branche hat ihr früheres Imageproblem abgelegt. Auch etablierte

Personalberatungsunternehmen setzen heute auf die Direktansprache möglicher Kandidaten.

Beitrag

Gute Perspektiven für Kopfjäger

Bei den Personalberatungsunternehmen in Deutschland herrscht derzeit gute Stimmung. Die Branche musste während der Finanzkrise herbe Umsatzeinbußen hinnehmen, ist nun aber zurück in der Erfolgsspur. Insbesondere boomt "Executive Search Consulting", wie die sogenannten Headhunter ihre Arbeit bezeichnen. Die Consultants suchen nach Führungskräften und Mitarbeitern, die einem ganz speziellen Profil entsprechen müssen. Die Schaltung von Stellenanzeigen führt hier oft nicht zum Erfolg, weil die Consultants passiv bleiben und darauf hoffen müssen, dass sich der Richtige meldet. Headhunter wenden sich darum direkt an mögliche Kandidaten, wofür sie meist zum Telefon greifen. In früheren Jahren galt die forsche Herangehensweise der Headhunter als unseriös. Dies ändert sich immer mehr, je händeringender die Unternehmen nach dem genau passenden Mitarbeiter suchen. Der Fachkräftemangel, der Wirtschaftsboom, der demografische Wandel und der leer gefegte Arbeitsmarkt eröffnen herkömmlichen Personalberatern wie den Headhuntern derzeit sehr gute Perspektiven für ihr Geschäft. (1)

Tiefe Delle überwunden

In die Karten spielt den Headhuntern der hohe Beschäftigungsgrad in Deutschland. So hat das Institut für Arbeitsmarkt- und Berufsforschung (IAB) in diesen Tagen mitgeteilt, dass die Zahl der unbesetzten Stellen erstmals seit vier Jahren die Eine-Million-Grenze überschritten hat. Hinter der Branche liegen allerdings schwere Jahre. Nach dem Zusammenbruch der US-Investmentbank Lehmann Brothers im Herbst 2008 war das Geschäft der Kopfjäger für einige Zeit fast völlig zum Erliegen gekommen. Zum eigentlichen Horrorjahr wurde 2009 für die Consultants - die Umsätze sanken zwischen 25 und 30 Prozent. Zwar hatten die Unternehmen auf großflächige Entlassungen verzichtet, allerdings wurden auch keine neuen Mitarbeiter eingestellt. Ab dem letzten Quartal 2008 waren nur noch hochqualifizierte Führungskräfte "mit belastbaren Nachweisen zur Ertragsverbesserung und strategischer Neuausrichtung" gefragt, während normale Führungskräfte und Spezialisten von kaum einer Firma gesucht wurden. Lediglich im

Gesundheitswesen, im öffentlichen Dienst und im Energiesektor gab es auch im Krisenjahr 2009 eine stabile Nachfrage nach den Dienstleistungen der Personalberater. (1)

Headhunting wird salonfähig

Den früheren Ruf der Unseriosität haben die Executive Search Consultants weitgehend abgelegt. Auch alt eingesessene Personalberater, die von der direkten Kontaktaufnahme mit dem möglichen Kandidaten lange Zeit nichts wissen wollten, haben ihre Einstellung geändert. Hierzu zählt die etablierte Personalberatung Kienbaum, die früher in erster Linie auf die Schaltung von Annoncen setzte. Heute sucht auch Kienbaum gezielt nach passenden Kräften und ruft sie an. Solcherart gewandelte Beratungsunternehmen werden innerhalb der Branche als "Konvertiten" bezeichnet. Jochen Kienbaum, Sohn und Nachfolger des Firmengründers, bekennt sich offen zur Executive Search, die aber besondere Diskretion verlangt. Kienbaum hat in den vergangenen Jahren viel Geld in den Aufbau einer schlagkräftigen Headhunter-Truppe investiert. Ähnlich gewandelt haben sich die bekannten Anbieter Steinbach & Partner, Baumann AG und Dr. Rochus Mummert. Auch diese Personalberatungen schalten zwar immer noch Anzeigen, fahnden aber immer öfter per Telefon nach geeignetem Personal. Die Consultants kommen heute oft einfach nicht mehr darum herum, weil etablierte Führungskräfte meist gar nicht auf die Idee kommen, Zeitungsannoncen zu studieren. (4)

Erfolgsjahr 2010

Schon im vergangenen Jahr hat sich die wirtschaftliche Erholung in Deutschland direkt auf die Geschäftsvolumen der Consultants niedergeschlagen. Firmen wie Egon Zehnder International verzeichneten Umsatzsprünge im hohen zweistelligen Bereich. Die US-Headhuntingfirma CT-Partners, die auch in Europa und Asien vertreten ist, steigerte ihren Umsatz sogar um 53 Prozent auf 113,7 Millionen Dollar. Einer Studie zufolge sind die Umsätze der Gesamtbranche 2010 um durchschnittlich 28,5 Prozent in die Höhe gegangen. (1), (2)

Fokussierung zahlt sich aus

Die Geschäftsberichte einzelner Headhuntingfirmen zeigen, dass spezialisierte Personalberater während der Krise besser dastanden als breit aufgestellte Generalisten. Firmen wie Courland Automotive (spezialisiert auf die Autobranche), Gravert Jenny & Partners (Energie) oder Bernd Heuer & Partner (Immobilien) überstanden die Krise mit nur wenigen Blessuren. Der Grund ist das Renommee, das die branchenspezifisch arbeitenden Consultants innerhalb ihres Bereichs genießen. Auch die sonst schwer anzusprechenden Top-Leute werden hellhörig, wenn eine branchenbekannte Personalberatung den Kontakt zu ihnen sucht. (2), (3)

Vorsicht vor Scharlatanen

Da das Berufsbild "Headhunter" in Deutschland nicht geschützt ist, kann den Namen jeder führen, der will. So braucht man nicht einmal einen Schulabschluss, um als Headhunter zu firmieren. Dies kann nicht nur zu Enttäuschungen bei solchen Firmen führen, die bei der Suche nach Executive Search an den falschen Anbieter geraten. Auch die Personalberatungsunternehmen selbst tun sich oft schwer damit, die Fähigkeiten eines Beraters richtig einzuschätzen. Wer eine Top-Dienstleistung einkaufen will, landet darum fast immer bei einem Vertreter der in Deutschland tätigen "Big Five". Dies sind die Personalberatungsunternehmen Egon Zehnder, Heidrick & Struggles, Korn/Ferry, Russell Reynolds und Spencer Stuart. (4)

Trends

Topmanager entdecken den Mittelstand

Immer mehr Top-Führungskräfte schielen nicht mehr nur nach einer Aufgabe in einem international aufgestellten Großkonzern. Dafür gewinnt der Mittelstand zunehmend an Attraktivität für Spitzenkräfte. Dies liegt auch daran, dass die oft familiengeführten "Hidden Champions" Führungskräfte nicht mehr nur in den eigenen Reihen suchen. Sie verlassen die bewährten Pfade und öffnen sich zunehmend der Vorstellung, das Unternehmen von externen Managern führen zu lassen. Diesen Trend bestätigt das Personalberatungsunternehmen Headsahead. Demnach orientieren sich viele Führungskräfte nur am Anfang ihrer Karriere an den bekannten Namen. Nach einigen Jahren im Großunternehmen wächst jedoch häufig das Interesse an einem kleineren und familiär geführten Mittelstandsunternehmen. (5)

Fallbeispiele

Agrarbranche leidet unter Fachkräftemangel

Auch die Landwirtschaft hat zunehmend Schwierigkeiten, Fachleute und Führungskräfte zu rekrutieren. Der durch unbesetzte Stellen entstehende Schaden wird in diesem Jahr mehrere 100 Millionen Euro betragen. Gesucht werden Softwarespezialisten ebenso wie Agraringenieure und Fachkräfte für die Bereiche Aquakultur, Geflügelzucht und Bioenergie. (6)

Headhunter suchen Ackermann-Nachfolger

Zeitungsberichten zufolge hat die Deutsche Bank einen britischen Headhunter beauftragt, einen Nachfolger für den Vorstandschef Josef Ackermann zu suchen. Es gilt allerdings als sicher, dass es mit dem Ex-Bundesbankchef Axel Weber bereits einen Favoriten für den Posten gibt. Mehrere Aspiranten aus dem Unternehmen selbst haben allerdings angekündigt, dass sie die Deutsche Bank bei Nichtberücksichtigung verlassen werden. Als ein weiterer aussichtsreicher Anwärter neben Axel Weber gilt der bisherige Chef des Investmentbankings der

Deutschen Bank, Anshu Jain. (7)

Weiterführende Literatur

(1) Headhunter im Aufwind
aus Personal Nr. 5 vom 29.04.2011 Seite 020

(2) Führungskräfte im Visier: Wenn der Headhunter dreimal klingelt
aus Versicherungswirtschaft, 01.11.2010, 65.Jg., Nr. 21, S. 1515

(3) Der "ideale Kandidat - Was Sie schon immer über Headhunter wissen wollten ...
aus Arbeit und Arbeitsrecht, Heft 09/2010, S. 530-532

(4) Echte und unechte Headhunter
aus PERSONALmagazin, Heft 05/2011, S. 52

(5) Topmanager entdecken den Mittelstand
aus VDI NR. 14 VOM 08.04.2011 SEITE 21

(6) Fachkräftemangel erreicht Agrarbranche
aus Agra-Europe (AgE), 52. Jahrgang Nr. 16 vom 18.04.2011

(7) Headhunter suchen Ackermann-Nachfolger
aus Euro am Sonntag, 12.02.2011, Nr. 7, S. 8

Impressum

Eine Million unbesetzte Stellen - gute Perspektiven für Headhunter

Bibliografische Information der deutschen Nationalbibliothek

Die Deutsche Nationalbibliothek verzeichnet diese Publikation in der deutschen Nationalbibliografie; detaillierte bibliografische Daten sind im Internet über http://dnb.d-nb.de abrufbar.

ISBN: 978-3-7379-0963-1

© 2015 GBI-Genios Deutsche Wirtschaftsdatenbank GmbH, Freischützstraße 96, 81927 München, www.genios.de

Alle Rechte vorbehalten. Dieses Werk ist einschließlich aller seiner Teile – z.B. Texte, Tabellen und Grafiken - urheberrechtlich geschützt. Jede Verwertung außerhalb der Grenzen des Urheberrechtsgesetzes bedarf der vorherigen Zustimmung des Verlags. Dies gilt insbesondere auch für auszugsweise Nachdrucke, fotomechanische Vervielfältigungen (Fotokopie/Mikroskopie), Übersetzungen, Auswertungen durch Datenbanken oder ähnliche Einrichtungen und die Einspeicherung und Verarbeitung in elektronischen Systemen.